AF268234

MÉMOIRE

SUR LA NÉCESSITÉ

D'UNE BONNE ET PROMPTE RÉORGANISATION

DE L'ACTION RELIGIEUSE

DANS LES COLONIES FRANÇAISES DES DEUX INDES,

A. M. le Ministre de la Marine et des Colonies,

Par M. CASTELLI,

Aᵈ PRÉFET APOSTOLIQUE DE LA MARTINIQUE.

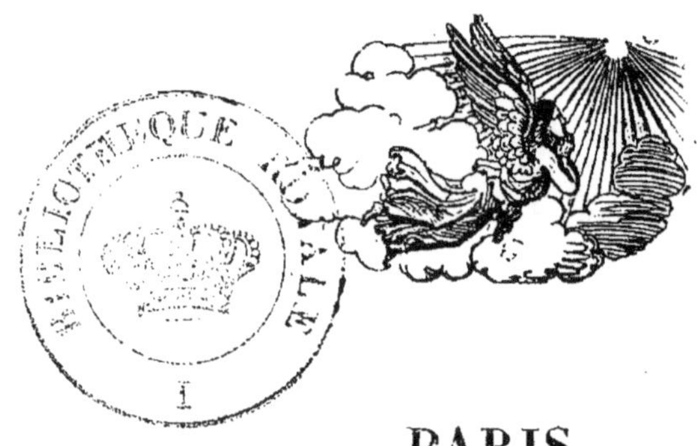

PARIS,

COMPTOIR DES IMPRIMEURS-UNIS,

15, QUAI MALAQUAIS.

—

1845.

IMPRIMERIE DE GUSTAVE GRATIOT,
RUE DE LA MONNAIE, 11.

MÉMOIRE

SUR LA NÉCESSITÉ

D'UNE BONNE ET PROMPTE RÉORGANISATION

DE L'ACTION RELIGIEUSE

DANS LES COLONIES FRANÇAISES DES DEUX INDES,

A M. LE MINISTRE DE LA MARINE ET DES COLONIES

On ne saurait le dire assez haut, ni trop le répéter, *le système de recrutement qui, depuis long-temps, a été adopté et suivi jusqu'à ce jour pour nos Missions coloniales des deux Indes est entièrement* DÉPLORABLE. C'est un fait malheureusement trop vrai, et dont j'ai pu acquérir la certitude la plus positive pendant tout le temps que j'ai demeuré aux colonies.

Ce mode de recrutement du clergé colonial est non seulement incomplet et défectueux, mais encore bien funeste; c'est une source de maux incalculables, un obstacle toujours là permanent et debout contre lequel vont échouer sans cesse les prescriptions évangéliques, les vues généreuses de la Métropole et tous ses vœux et ses ordres si souvent réitérés pour la régénération des populations coloniales.

Osons le dire, *rien ou presque rien ne se fait dans nos pays à esclaves* (afin de les préparer à l'émancipation) par l'ACTION RELIGIEUSE, qui pourtant, dans les circonstances actuelles, est appelée à changer la face de nos colonies. Comment pourrait-il en être autrement? Presque tout le clergé de nos colonies (dont le nombre est toujours insuffisant et minime) a été toujours recruté, comme il l'est encore, dans les divers diocèses de France ; il y en a même venant de pays étrangers, d'Espagne, d'Amérique, d'Irlande, etc. Ainsi l'on admet sans cesse, pour nos missions coloniales, des sujets (à quelques exceptions près) qu'on n'a jamais vus ni connus, n'ayant aucune notion exacte des colonies, n'allant au devant que d'*un intérêt matériel*, et oubliant entièrement le but de leur véritable mission qui est *une œuvre éminemment mo-*

*rale, une œuvre toute de dévouement et d'abnégation
de soi-même.*

D'un Corps ainsi formé, si faible, si hétérogène
dans toutes ses parties, qu'espérer, qu'attendre?..
C'est là pourtant que la Religion et la Métropole
ont fondé leur espoir, et c'est de là qu'elles at-
tendent, dans ces temps difficiles, l'achèvement
du grand œuvre de la régénération coloniale!

Une telle situation est si fâcheuse, si évidemment compromettante sous tous les rapports,
que le Conseil colonial de la Martinique, dans sa
séance du 21 mars 1840, forma sagement le projet de s'adresser à un de nos évêques de France,
afin d'avoir des prêtres en assez grand nombre,
venant tous d'un même diocèse et formés dans
un même séminaire, sous les yeux de leur évêque.
Ce même Conseil offrait généreusement de voter,
à cet effet, une somme annuelle de dix mille
francs. Ce projet fut ajourné.

Reconnaissant moi-même l'urgente nécessité
de cette réforme, j'ai fait souvent, sur cet objet,
pendant mon séjour aux Colonies, des démarches

pressantes auprès du Ministère de la marine, qui les avait accueillies avec faveur. Je fus, à diverses époques, sur le point de voir mes vœux se réaliser. Mais des raisons majeures, tenant au mouvement des affaires politiques, ont toujours retardé cette opération importante.

Je crois que le moment est venu, Monsieur le Ministre, et que la Providence vous a destiné à réaliser actuellement ce grand projet d'*une bonne et prompte réorganisation du clergé colonial;* projet qui intéresse à un si haut degré la religion et le salut de la France coloniale.

C'est par ces motifs que je m'empresse de faire part à Votre Excellence d'un moyen que j'ai depuis longtemps médité, et qui est, selon moi, aussi facile qu'infaillible dans ses résultats, pour opérer cette grande et importante réforme de l'*action religieuse* aux colonies.

Ce moyen, le voici :

Pendant mon voyage que je fis en France en 1837, dans le but de pouvoir augmenter le personnel du clergé de la colonie, après avoir visité,

à cet effet, diverses provinces, je fus voir mon-
seigneur l'évêque de Coutances, en Normandie,
pour ce même objet. Dans mes conférences avec
lui, je pus voir qu'il y avait en ce lieu des res-
sources au delà même de mes espérances, car ce
Prélat me disait : « qu'il aurait pu complétement
« satisfaire aux besoins de nos Missions coloniales
« des deux Indes, et qu'il était prêt à prendre
« pour cela l'engagement de fournir régulière-
« ment le nombre de prêtres nécessaire, tous
« d'un bon choix et élevés dans son séminaire
« diocésain, moyennant seulement une indem-
« nité convenable de la part du Gouvernement. »

J'ai lieu de croire que l'évêque de Coutances
est toujours aussi bien disposé à donner ainsi
son puissant concours à cette œuvre si éminemment chrétienne et civilisatrice pour nos Colonies.

La mission qu'aura à remplir ce nouveau clergé
ainsi organisé sera d'autant plus facile et féconde
en bons résultats, que déjà le système de *résis-
tance* aux vues et à l'action métropolitaines s'af-
faiblit chaque jour aux colonies. L'on remarque,

en effet, que, depuis quelques mois surtout, il s'opère dans l'esprit des Colons un changement soudain et salutaire, une tendance pacifique et toujours croissante vers les idées civilisatrices de la Mère-Patrie. Ceci est maintenant un fait aussi heureux qu'incontestable. Ce qui vient de se passer, il y a seulement deux mois, à la Guadeloupe nous le prouve d'une manière éclatante.

Voici ce que nous apprend, sur cet objet, l'*Époque* du 23 de ce mois : « Le Conseil colonial de « la Guadeloupe (dans son Adresse récente au « Gouverneur de la colonie) a envisagé coura- « geusement la *transformation sociale* dont la loi « du 18 juillet contient le germe évident, et il *a* « *promis au Gouvernement,* pour réaliser ce que « cette transformation contiendra d'équitable et « de pratique, un FRANC ET LOYAL CONCOURS. »

C'est donc une *alliance franche et loyale* qui vient de se former entre nos Colons et les vues civilisatrices de la Métropole. C'était, depuis long-temps, le vœu de la France et celui des vrais amis des Colonies, et de tous les colons éclairés qui connaissent leurs devoirs et savent bien comprendre leurs véritables intérêts.

Cette *Adresse* du Conseil colonial de la Guadeloupe, adhérant pleinement à la loi du 18 juillet dernier sur l'amélioration du régime des esclaves, est un acte remarquable de courage et de haute raison ; c'est un *grand événement* ; il fera époque dans les annales de la Guadeloupe, qui vient de se placer ainsi noblement en tête du mouvement du progrès civilisateur aux Colonies. Honneur donc à son Conseil colonial, à ces hommes sages et éclairés qui ont su bien comprendre leur siècle et leurs véritables intérêts, et qui entrent ainsi courageusement et franchement dans la *voie nouvelle* des améliorations qui va nous conduire à une prompte et complète transformation de la société coloniale.

Cet admirable exemple que viennent de donner le Conseil colonial et un grand nombre d'habitants notables de la Guadeloupe sera sans doute suivi avec un noble empressement par toutes nos autres Colonies, parce que toutes elles ne doivent et ne peuvent voir en cela qu'un acte d'équité et de haute sagesse, un *germe de vie,* un moyen sûr et efficace pour leur salut commun.

Voilà donc un grand succès de la loi réformatrice du 18 juillet dernier, bien positivement et heureusement constaté. En présence de ces faits, qui sont le présage d'autres résultats encore plus grands et plus complets, les Chambres, et le Ministère de la marine en particulier, peuvent déjà justement se réjouir d'avoir doté les Colonies d'un grand bienfait par la promulgation de cette *loi préliminaire* qui vient préparer et mener promptement à bonne fin le grand œuvre de l'Émancipation générale.

Ainsi, Dieu soit béni ! le soleil de la civilisation européenne apparaît enfin sans nuages sur les rives de nos pays d'outre-mer ! Bientôt il y brillera dans tout son éclat ; bientôt il les aura tous profondément pénétrés de sa chaleur divine, et tous ils seront vivifiés et embellis par sa *lumière fécondante* et *pure* comme l'ÉTERNELLE VÉRITÉ d'où elle émane.

Je reviens à mon sujet.

Ainsi que je le disais tout-à-l'heure, si Monsieur le Ministre jugeait à propos de reprendre avec l'évêque de Coutances le cours de cette négociation, que j'avais si heureusement ouverte en 1837, je suis persuadé qu'il trouverait ce prélat dans les mêmes dispositions de son zèle et de ses désirs de pouvoir coopérer au grand œuvre de la régénération coloniale.

L'on pourrait ainsi, dans cette grande ressource, si généreusement offerte par ce digne prélat, avoir désormais pour nos colonies :

Un clergé aussi nombreux qu'il est nécessaire, formé à une seule et même source, plein de zèle et d'instruction, agissant avec ensemble et pour le même but, avec une complète UNITÉ *d'esprit et d'opinion ; un clergé réellement apostolique, et dont l'homogénéité et la conduite éprouvée offriraient les meilleures garanties sous tous les rapports.*

Dès lors, la source de tant de calamités dans nos colonies et de leurs craintes pour l'avenir serait tarie ; une ÈRE NOUVELLE commencerait, qui

serait une ère toute de vie et de véritable prospé-
rité pour elles, sous le triple rapport religieux,
politique et social.

Depuis trop longtemps, la Religion, dans nos
colonies, *gémit*, ou *demeure effacée dans un état d'a-
pathie et de fatal mutisme.* Les colonies en souf-
frent, et ne peuvent qu'en être justement alar-
mées, car *les temps marchent...*, et leur avenir
devient chaque jour menaçant et sombre dans
ces moments d'angoisse et d'attente générale de
l'abolition de l'esclavage, devenue désormais *inévi-
table.* Qui pourrait en douter? Au XIXe siècle, devant le flambeau du Christianisme, et sous le glo-
rieux drapeau de la France, l'ESCLAVAGE dans nos
colonies ne peut plus être considéré que comme
un ÉTRANGE PHÉNOMÈNE *qui touche nécessairement au
terme final* de sa funeste et trop longue existence.
Vouloir se dissimuler cette vérité, s'opposer à son
mouvement progressif et irrésistible, ce serait
s'aveugler entièrement et courir vers l'abîme...

Il faut donc ici évidemment à nos colonies *un
nouveau moyen de salut* par une bonne et prompte

réorganisation du clergé colonial. Celui que je viens d'indiquer est, selon moi, parfaitement convenable pour cet effet.

Dans mon Ouvrage sur l'émancipation et la réorganisation de l'action religieuse aux colonies, que j'ai publié l'année dernière, j'avais indiqué, pour ce même objet, l'adoption de l'Ordre religieux des Pères-Maristes de Lyon; je crois toujours que ce moyen serait excellent, et aussi bon que l'autre que je viens de désigner dans ce Mémoire; le Gouvernement choisirait celui qui offrirait moins de difficultés dans sa mise à exécution.

Un règlement organique et pratique, tel que l'exigent les lieux et les circonstances, et la dignité du saint ministère, serait fait pour le Clergé colonial par l'Autorité spirituelle de concert avec les Autorités locales et le Gouvernement de la Métropole. Ceci est d'une très haute importance et mérite de fixer l'attention de l'Autorité métropolitaine.

Par l'adoption de l'un de ces deux moyens (du

diocèse de Coutances ou des Pères-Maristes de Lyon), l'on doterait nos colonies d'un BIENFAIT IMMENSE, objet constant de leurs vœux et seul moyen de salut dans ces temps de crise d'un nouvel avenir qui approche. Le *maître* aussi bien que l'*esclave* n'auront qu'à se réjouir également de l'œuvre de cette *organisation nouvelle*, car c'est là, je le répète, la *condition vitale*, SINE QUA NON, *le seul moyen de leur* SALUT *commun*.

La haute Intelligence qui préside en ce moment aux destinées de nos colonies, l'esprit sage et courageux qui les gouverne et les affectionne sauront sans doute opérer pour elles sans retard ce *grand bienfait de la réorganisation de l'*ACTION RELIGIEUSE. La Religion bénira l'auteur d'une si belle œuvre ; à son nom s'attachera une grande gloire ; les hommages et le plus doux souvenir de la France coloniale et de toute sa postérité lui seront acquis à tout jamais.

NOTA. — Dans ce nouveau mode d'organisation du clergé colonial, la *Maison du Saint-Esprit* n'aurait plus besoin de tenir des classes pour former des élèves, qui étaient toujours moins qu'insuffisants, et dont souvent un grand nombre renonçaient à leur vocation, après avoir fait leurs études aux frais des Colonies. Mais elle servirait alors comme *maison d'étude préparatoire*, où tous les prêtres missionnaires de Coutances, avant leur départ d'Europe, viendraient passer quelques mois seulement, afin d'y acquérir des connaissances spéciales relativement aux colonies, et s'initier ainsi à l'importante et difficile mission qu'ils y vont remplir. Il y aurait pour cela, dans la *Maison du Saint-Esprit*, un Supérieur avec deux prêtres missionnaires ayant déjà exercé le saint ministère aux colonies, et sincèrement dévoués au principe de l'*émancipation des esclaves*, selon les vues de la Religion et de la Métropole, ce qui est évidemment nécessaire pour le bien général des Colonies.

Cette Maison resterait d'ailleurs telle qu'elle est dans ses rapports avec Rome et avec le Ministère de la marine, dans l'hypothèse où le Gouvernement n'adopterait, de préférence pour les Colonies, un Ordre Religieux.

Paris, 30 novembre 1845.